全国人民代表大会常务委员会公报版

中华人民共和国
社区矫正法

中国民主法制出版社

图书在版编目（CIP）数据

中华人民共和国社区矫正法/全国人大常委会办公厅供稿.—北京：中国民主法制出版社，2019.12
ISBN 978-7-5162-2165-5

Ⅰ.①中… Ⅱ.①全… Ⅲ.①社区—监督改造—法规—中国 Ⅳ.①D926.7

中国版本图书馆 CIP 数据核字（2019）第 292986 号

书名/中华人民共和国社区矫正法
ZHONGHUARENMINGONGHEGUOSHEQUJIAOZHENGFA

出版·发行/中国民主法制出版社
地址/北京市丰台区玉林里7号（100069）
电话/63055259（总编室）63057714（发行部）
传真/63056975　63056983
http：//www.npcpub.com
E-mail：mzfz@npcpub.com
经销/新华书店
开本/32开　850毫米×1168毫米
印张/1.375　字数/25千字
版本/2019年12月第1版　2020年5月第8次印刷
印刷/北京新华印刷有限公司

书号/ISBN 978-7-5162-2165-5
定价/6.00元
出版声明/版权所有，侵权必究。

（如有缺页或倒装，本社负责退换）

目 录

中华人民共和国主席令（第四十号）

中华人民共和国社区矫正法 …………………………（1）

关于《中华人民共和国社区矫正法
（草案）》的说明 …………………………………（18）

全国人民代表大会宪法和法律委员会关于
《中华人民共和国社区矫正法（草案）》
修改情况的汇报 …………………………………（23）

全国人民代表大会宪法和法律委员会关于
《中华人民共和国社区矫正法（草案）》
审议结果的报告 …………………………………（29）

全国人民代表大会宪法和法律委员会关于
《中华人民共和国社区矫正法（草案三次
审议稿）》修改意见的报告 ……………………（34）

中华人民共和国主席令

第四十号

《中华人民共和国社区矫正法》已由中华人民共和国第十三届全国人民代表大会常务委员会第十五次会议于2019年12月28日通过，现予公布，自2020年7月1日起施行。

中华人民共和国主席　习近平
2019年12月28日

中华人民共和国社区矫正法

（2019年12月28日第十三届全国人民代表大会常务委员会第十五次会议通过）

目 录

第一章 总 则
第二章 机构、人员和职责
第三章 决定和接收
第四章 监督管理
第五章 教育帮扶
第六章 解除和终止
第七章 未成年人社区矫正特别规定
第八章 法律责任
第九章 附 则

第一章 总 则

第一条 为了推进和规范社区矫正工作，保障刑事判决、刑事裁定和暂予监外执行决定的正确执行，提高教育矫正质量，促进社区矫正对象顺利融入社会，预防和减少犯罪，根据宪法，制定本法。

第二条 对被判处管制、宣告缓刑、假释和暂予监外执行的罪犯，依法实行社区矫正。

对社区矫正对象的监督管理、教育帮扶等活动，适用本法。

第三条 社区矫正工作坚持监督管理与教育帮扶相结合，专门机关与社会力量相结合，采取分类管理、个别化矫正，有针对性地消除社区矫正对象可能重新犯罪的因素，帮助其成为守法公民。

第四条 社区矫正对象应当依法接受社区矫正，服从监督管理。

社区矫正工作应当依法进行，尊重和保障人权。社区矫正对象依法享有的人身权利、财产权利和其他权利不受侵犯，在就业、就学和享受社会保障等方面不受歧视。

第五条 国家支持社区矫正机构提高信息化水平，运用现代信息技术开展监督管理和教育帮扶。社区矫正工作相关部门之间依法进行信息共享。

第六条　各级人民政府应当将社区矫正经费列入本级政府预算。

居民委员会、村民委员会和其他社会组织依法协助社区矫正机构开展工作所需的经费应当按照规定列入社区矫正机构本级政府预算。

第七条　对在社区矫正工作中做出突出贡献的组织、个人，按照国家有关规定给予表彰、奖励。

第二章　机构、人员和职责

第八条　国务院司法行政部门主管全国的社区矫正工作。县级以上地方人民政府司法行政部门主管本行政区域内的社区矫正工作。

人民法院、人民检察院、公安机关和其他有关部门依照各自职责，依法做好社区矫正工作。人民检察院依法对社区矫正工作实行法律监督。

地方人民政府根据需要设立社区矫正委员会，负责统筹协调和指导本行政区域内的社区矫正工作。

第九条　县级以上地方人民政府根据需要设置社区矫正机构，负责社区矫正工作的具体实施。社区矫正机构的设置和撤销，由县级以上地方人民政府司法行政部门提出意见，按照规定的权限和程序审批。

司法所根据社区矫正机构的委托，承担社区矫正相关工作。

第十条　社区矫正机构应当配备具有法律等专业知识的专门国家工作人员（以下称社区矫正机构工作人员），履行监督管理、教育帮扶等执法职责。

第十一条　社区矫正机构根据需要，组织具有法律、教育、心理、社会工作等专业知识或者实践经验的社会工作者开展社区矫正相关工作。

第十二条　居民委员会、村民委员会依法协助社区矫正机构做好社区矫正工作。

社区矫正对象的监护人、家庭成员，所在单位或者就读学校应当协助社区矫正机构做好社区矫正工作。

第十三条　国家鼓励、支持企业事业单位、社会组织、志愿者等社会力量依法参与社区矫正工作。

第十四条　社区矫正机构工作人员应当严格遵守宪法和法律，忠于职守，严守纪律，清正廉洁。

第十五条　社区矫正机构工作人员和其他参与社区矫正工作的人员依法开展社区矫正工作，受法律保护。

第十六条　国家推进高素质的社区矫正工作队伍建设。社区矫正机构应当加强对社区矫正工作人员的管理、监督、培训和职业保障，不断提高社区矫正工作的规范化、专业化水平。

第三章　决定和接收

第十七条　社区矫正决定机关判处管制、宣告缓刑、裁定假释、决定或者批准暂予监外执行时应当确定社区矫正执行地。

社区矫正执行地为社区矫正对象的居住地。社区矫正对象在多个地方居住的，可以确定经常居住地为执行地。

社区矫正对象的居住地、经常居住地无法确定或者不适宜执行社区矫正的，社区矫正决定机关应当根据有利于社区矫正对象接受矫正、更好地融入社会的原则，确定执行地。

本法所称社区矫正决定机关，是指依法判处管制、宣告缓刑、裁定假释、决定暂予监外执行的人民法院和依法批准暂予监外执行的监狱管理机关、公安机关。

第十八条 社区矫正决定机关根据需要，可以委托社区矫正机构或者有关社会组织对被告人或者罪犯的社会危险性和对所居住社区的影响，进行调查评估，提出意见，供决定社区矫正时参考。居民委员会、村民委员会等组织应当提供必要的协助。

第十九条 社区矫正决定机关判处管制、宣告缓刑、裁定假释、决定或者批准暂予监外执行，应当按照刑法、刑事诉讼法等法律规定的条件和程序进行。

社区矫正决定机关应当对社区矫正对象进行教育，告知其在社区矫正期间应当遵守的规定以及违反规定的法律后果，责令其按时报到。

第二十条 社区矫正决定机关应当自判决、裁定或者决定生效之日起五日内通知执行地社区矫正机构,并在十日内送达有关法律文书,同时抄送人民检察院和执行地公安机关。社区矫正决定地与执行地不在同一地方的,由执行地社区矫正机构将法律文书转送所在地的人民检察院、公安机关。

第二十一条 人民法院判处管制、宣告缓刑、裁定假释的社区矫正对象,应当自判决、裁定生效之日起十日内到执行地社区矫正机构报到。

人民法院决定暂予监外执行的社区矫正对象,由看守所或者执行取保候审、监视居住的公安机关自收到决定之日起十日内将社区矫正对象移送社区矫正机构。

监狱管理机关、公安机关批准暂予监外执行的社区矫正对象,由监狱或者看守所自收到批准决定之日起十日内将社区矫正对象移送社区矫正机构。

第二十二条 社区矫正机构应当依法接收社区矫正对象,核对法律文书、核实身份、办理接收登记、建立档案,并宣告社区矫正对象的犯罪事实、执行社区矫正的期限以及应当遵守的规定。

第四章 监督管理

第二十三条 社区矫正对象在社区矫正期间应当遵守法律、行政法规,履行判决、裁定、暂予监外执行决定等法律文书确定的义务,遵守国务院司法行政部门关于报告、会客、外出、迁居、保外就医等监督管理规定，服从社区矫正机构的管理。

第二十四条　社区矫正机构应当根据裁判内容和社区矫正对象的性别、年龄、心理特点、健康状况、犯罪原因、犯罪类型、犯罪情节、悔罪表现等情况，制定有针对性的矫正方案，实现分类管理、个别化矫正。矫正方案应当根据社区矫正对象的表现等情况相应调整。

第二十五条　社区矫正机构应当根据社区矫正对象的情况，为其确定矫正小组，负责落实相应的矫正方案。

根据需要，矫正小组可以由司法所、居民委员会、村民委员会的人员，社区矫正对象的监护人、家庭成员，所在单位或者就读学校的人员以及社会工作者、志愿者等组成。社区矫正对象为女性的，矫正小组中应有女性成员。

第二十六条　社区矫正机构应当了解掌握社区矫正对象的活动情况和行为表现。社区矫正机构可以通过通信联络、信息化核查、实地查访等方式核实有关情况，有关单位和个人应当予以配合。

社区矫正机构开展实地查访等工作时，应当保护社区矫正对象的身份信息和个人隐私。

第二十七条　社区矫正对象离开所居住的市、县或者迁居，应当报经社区矫正机构批准。社区矫正机构对于有正当理由的，应当批准；对于因正常工作和生活需要经常性跨市、县活动的，可以根据情况，简化批准程序和方式。

因社区矫正对象迁居等原因需要变更执行地的，社区矫正机构应当按照有关规定作出变更决定。社区矫正机构作出变更决定后，应当通知社区矫正决定机关和变更后的社区矫正机构，并将有关法律文书抄送变更后的社区矫正机构。变更后的社区矫正机构应当将法律文书转送所在地的人民检察院、公安机关。

第二十八条 社区矫正机构根据社区矫正对象的表现，依照有关规定对其实施考核奖惩。社区矫正对象认罪悔罪、遵守法律法规、服从监督管理、接受教育表现突出的，应当给予表扬。社区矫正对象违反法律法规或者监督管理规定的，应当视情节依法给予训诫、警告、提请公安机关予以治安管理处罚，或者依法提请撤销缓刑、撤销假释、对暂予监外执行的收监执行。

对社区矫正对象的考核结果，可以作为认定其是否确有悔改表现或者是否严重违反监督管理规定的依据。

第二十九条 社区矫正对象有下列情形之一的，经县级司法行政部门负责人批准，可以使用电子定位装置，加强监督管理：

（一）违反人民法院禁止令的；

（二）无正当理由，未经批准离开所居住的市、县的；

（三）拒不按照规定报告自己的活动情况，被给予警告的；

（四）违反监督管理规定，被给予治安管理处罚的；

（五）拟提请撤销缓刑、假释或者暂予监外执行收监执行的。

前款规定的使用电子定位装置的期限不得超过三个月。对于不需要继续使用的，应当及时解除；对于期限届满后，经评估仍有必要继续使用的，经过批准，期限可以延长，每次不得超过三个月。

社区矫正机构对通过电子定位装置获得的信息应当严格保密，有关信息只能用于社区矫正工作，不得用于其他用途。

第三十条 社区矫正对象失去联系的，社区矫正机构应当立即组织查找，公安机关等有关单位和人员应当予以配合协助。查找到社区矫正对象后，应当区别情形依法作出处理。

第三十一条 社区矫正机构发现社区矫正对象正在实施违反监督管理规定的行为或者违反人民法院禁止令等违法行为的，应当立即制止；制止无效的，应当立即通知公安机关到场处置。

第三十二条 社区矫正对象有被依法决定拘留、强制隔离戒毒、采取刑事强制措施等限制人身自由情形的，有关机关应当及时通知社区矫正机构。

第三十三条 社区矫正对象符合刑法规定的减刑条

件的，社区矫正机构应当向社区矫正执行地的中级以上人民法院提出减刑建议，并将减刑建议书抄送同级人民检察院。

人民法院应当在收到社区矫正机构的减刑建议书后三十日内作出裁定，并将裁定书送达社区矫正机构，同时抄送人民检察院、公安机关。

第三十四条 开展社区矫正工作，应当保障社区矫正对象的合法权益。社区矫正的措施和方法应当避免对社区矫正对象的正常工作和生活造成不必要的影响；非依法律规定，不得限制或者变相限制社区矫正对象的人身自由。

社区矫正对象认为其合法权益受到侵害的，有权向人民检察院或者有关机关申诉、控告和检举。受理机关应当及时办理，并将办理结果告知申诉人、控告人和检举人。

第五章 教育帮扶

第三十五条 县级以上地方人民政府及其有关部门应当通过多种形式为教育帮扶社区矫正对象提供必要的场所和条件，组织动员社会力量参与教育帮扶工作。

有关人民团体应当依法协助社区矫正机构做好教育帮扶工作。

第三十六条 社区矫正机构根据需要，对社区矫正对象进行法治、道德等教育，增强其法治观念，提高其道德素质和悔罪意识。

对社区矫正对象的教育应当根据其个体特征、日常表现等实际情况，充分考虑其工作和生活情况，因人施教。

第三十七条 社区矫正机构可以协调有关部门和单位，依法对就业困难的社区矫正对象开展职业技能培训、就业指导，帮助社区矫正对象中的在校学生完成学业。

第三十八条 居民委员会、村民委员会可以引导志愿者和社区群众，利用社区资源，采取多种形式，对有特殊困难的社区矫正对象进行必要的教育帮扶。

第三十九条 社区矫正对象的监护人、家庭成员，所在单位或者就读学校应当协助社区矫正机构做好对社区矫正对象的教育。

第四十条 社区矫正机构可以通过公开择优购买社区矫正社会工作服务或者其他社会服务，为社区矫正对象在教育、心理辅导、职业技能培训、社会关系改善等方面提供必要的帮扶。

社区矫正机构也可以通过项目委托社会组织等方式开展上述帮扶活动。国家鼓励有经验和资源的社会组织跨地区开展帮扶交流和示范活动。

第四十一条 国家鼓励企业事业单位、社会组织为社区矫正对象提供就业岗位和职业技能培训。招用符合条件的社区矫正对象的企业,按照规定享受国家优惠政策。

第四十二条　社区矫正机构可以根据社区矫正对象的个人特长,组织其参加公益活动,修复社会关系,培养社会责任感。

第四十三条　社区矫正对象可以按照国家有关规定申请社会救助、参加社会保险、获得法律援助,社区矫正机构应当给予必要的协助。

第六章　解除和终止

第四十四条　社区矫正对象矫正期满或者被赦免的,社区矫正机构应当向社区矫正对象发放解除社区矫正证明书,并通知社区矫正决定机关、所在地的人民检察院、公安机关。

第四十五条　社区矫正对象被裁定撤销缓刑、假释,被决定收监执行,或者社区矫正对象死亡的,社区矫正终止。

第四十六条　社区矫正对象具有刑法规定的撤销缓刑、假释情形的,应当由人民法院撤销缓刑、假释。

对于在考验期限内犯新罪或者发现判决宣告以前还有其他罪没有判决的,应当由审理该案件的人民法院撤销缓刑、假释,并书面通知原审人民法院和执行地社区矫正机构。

对于有第二款规定以外的其他需要撤销缓刑、假释情形的，社区矫正机构应当向原审人民法院或者执行地人民法院提出撤销缓刑、假释建议，并将建议书抄送人民检察院。社区矫正机构提出撤销缓刑、假释建议时，应当说明理由，并提供有关证据材料。

第四十七条　被提请撤销缓刑、假释的社区矫正对象可能逃跑或者可能发生社会危险的，社区矫正机构可以在提出撤销缓刑、假释建议的同时，提请人民法院决定对其予以逮捕。

人民法院应当在四十八小时内作出是否逮捕的决定。决定逮捕的，由公安机关执行。逮捕后的羁押期限不得超过三十日。

第四十八条　人民法院应当在收到社区矫正机构撤销缓刑、假释建议书后三十日内作出裁定，将裁定书送达社区矫正机构和公安机关，并抄送人民检察院。

人民法院拟撤销缓刑、假释的，应当听取社区矫正对象的申辩及其委托的律师的意见。

人民法院裁定撤销缓刑、假释的，公安机关应当及时将社区矫正对象送交监狱或者看守所执行。执行以前被逮捕的，羁押一日折抵刑期一日。

人民法院裁定不予撤销缓刑、假释的，对被逮捕的社区矫正对象，公安机关应当立即予以释放。

第四十九条　暂予监外执行的社区矫正对象具有刑事诉讼法规定的应当予以收监情形的，社区矫正机构应当向执行地或者原社区矫正决定机关提出收监执行建议，并将建议书抄送人民检察院。

社区矫正决定机关应当在收到建议书后三十日内作出决定，将决定书送达社区矫正机构和公安机关，并抄送人民检察院。

人民法院、公安机关对暂予监外执行的社区矫正对象决定收监执行的，由公安机关立即将社区矫正对象送交监狱或者看守所收监执行。

监狱管理机关对暂予监外执行的社区矫正对象决定收监执行的，监狱应当立即将社区矫正对象收监执行。

第五十条 被裁定撤销缓刑、假释和被决定收监执行的社区矫正对象逃跑的，由公安机关追捕，社区矫正机构、有关单位和个人予以协助。

第五十一条 社区矫正对象在社区矫正期间死亡的，其监护人、家庭成员应当及时向社区矫正机构报告。社区矫正机构应当及时通知社区矫正决定机关、所在地的人民检察院、公安机关。

第七章　未成年人社区矫正特别规定

第五十二条 社区矫正机构应当根据未成年社区矫正对象的年龄、心理特点、发育需要、成长经历、犯罪原因、家庭监护教育条件等情况，采取针对性的矫正措施。

社区矫正机构为未成年社区矫正对象确定矫正小组，应当吸收熟悉未成年人身心特点的人员参加。

对未成年人的社区矫正，应当与成年人分别进行。

第五十三条 未成年社区矫正对象的监护人应当履行监护责任，承担抚养、管教等义务。

监护人怠于履行监护职责的，社区矫正机构应当督促、教育其履行监护责任。监护人拒不履行监护职责的，通知有关部门依法作出处理。

第五十四条 社区矫正机构工作人员和其他依法参与社区矫正工作的人员对履行职责过程中获得的未成年人身份信息应当予以保密。

除司法机关办案需要或者有关单位根据国家规定查询外，未成年社区矫正对象的档案信息不得提供给任何单位或者个人。依法进行查询的单位，应当对获得的信息予以保密。

第五十五条 对未完成义务教育的未成年社区矫正对象，社区矫正机构应当通知并配合教育部门为其完成义务教育提供条件。未成年社区矫正对象的监护人应当依法保证其按时入学接受并完成义务教育。

年满十六周岁的社区矫正对象有就业意愿的，社区矫正机构可以协调有关部门和单位为其提供职业技能培训，给予就业指导和帮助。

第五十六条 共产主义青年团、妇女联合会、未成年人保护组织应当依法协助社区矫正机构做好未成年人社区矫正工作。

国家鼓励其他未成年人相关社会组织参与未成年人社区矫正工作,依法给予政策支持。

第五十七条 未成年社区矫正对象在复学、升学、就业等方面依法享有与其他未成年人同等的权利,任何单位和个人不得歧视。有歧视行为的,应当由教育、人力资源和社会保障等部门依法作出处理。

第五十八条 未成年社区矫正对象在社区矫正期间年满十八周岁的,继续按照未成年人社区矫正有关规定执行。

第八章 法律责任

第五十九条 社区矫正对象在社区矫正期间有违反监督管理规定行为的,由公安机关依照《中华人民共和国治安管理处罚法》的规定给予处罚;具有撤销缓刑、假释或者暂予监外执行收监情形的,应当依法作出处理。

第六十条 社区矫正对象殴打、威胁、侮辱、骚扰、报复社区矫正机构工作人员和其他依法参与社区矫正工作的人员及其近亲属,构成犯罪的,依法追究刑事责任;尚不构成犯罪的,由公安机关依法给予治安管理处罚。

第六十一条 社区矫正机构工作人员和其他国家工

作人员有下列行为之一的,应当给予处分;构成犯罪的,依法追究刑事责任:

(一)利用职务或者工作便利索取、收受贿赂的;

(二)不履行法定职责的;

(三)体罚、虐待社区矫正对象,或者违反法律规定限制或者变相限制社区矫正对象的人身自由的;

(四)泄露社区矫正工作秘密或者其他依法应当保密的信息的;

(五)对依法申诉、控告或者检举的社区矫正对象进行打击报复的;

(六)有其他违纪违法行为的。

第六十二条 人民检察院发现社区矫正工作违反法律规定的,应当依法提出纠正意见、检察建议。有关单位应当将采纳纠正意见、检察建议的情况书面回复人民检察院,没有采纳的应当说明理由。

第九章 附 则

第六十三条 本法自2020年7月1日起施行。

关于《中华人民共和国社区矫正法（草案）》的说明

——2019年6月25日在第十三届全国人民代表大会常务委员会第十一次会议上

司法部部长　傅政华

委员长、各位副委员长、秘书长、各位委员：

我受国务院委托，现对《中华人民共和国社区矫正法（草案）》作说明。

社区矫正是完善刑罚执行、推进国家治理体系和治理能力现代化的一项重要制度。我国社区矫正从2003年开始试点，2009年在全国全面试行。16年来，全国累计接收社区矫正对象431万人，累计解除矫正361万人，目前在册社区矫正对象70万人。社区矫正的人均执行成本只有监狱的1/10，社区矫正期间社区矫正对象的再犯罪率只有0.2%。社区矫正工作对维护社会和谐稳定，推进平安中国、法治中国建设发挥了积极作用。我国刑法、刑事诉讼法规定了社区矫正的适用范围、执行机构等基础性问题，社区矫正作为刑事执行活动，其执行层面的问题亟需在专门法律中予以规定。

制定社区矫正法已列入全国人大常委会和国务院的立法工作计划。2013年2月，司法部将《中华人民共和国社区矫正法（草案送审稿)》报送国务院。原国务院法制办会同有关单位成立了社区矫正立法工作协调小组及审查工作专班，多次召开协调会议，组织立法专题调研，召开专家论证会，集中研究、修改，并向社会公开征求了意见。为贯彻落实党中央、国务院决策部署，司法部在此基础上起草形成了《中华人民共和国社区矫正法（草案)》（以下简称草案）。草案已经国务院同意。现说明如下：

一、立法的总体思路

一是注意处理好确立社区矫正基本法律制度与为今后发展创新留有余地的关系。由于社区矫正在我国开展的时间不长，草案对社区矫正机构设置、监督管理和教育帮扶的方式方法等作了原则性、基础性规定，为社区矫正制度今后的发展留下空间。

二是注意处理好社区矫正法与刑事基本法律之间的关系。对于应当由刑法、刑事诉讼法规定的实体性内容，包括管制、缓刑、假释、暂予监外执行四类人员应当遵守的规定，减刑、撤销缓刑、撤销假释的条件等，草案仅作出衔接性规定。

三是坚持问题导向，注重解决社区矫正工作中的突出问题。社区矫正是对社区矫正对象进行监督管理和教育帮扶的有机统一，草案针对实践反映的社会力量参与社区矫正不充分问题，作出了相应的制度设计。同时，草案对有关机关在社区矫正中的衔接配合程序，尽可能予以细化，以增强操作性。

二、草案的主要内容

草案共六章五十五条，主要内容如下：

（一）明确了适用范围。严格与刑法、刑事诉讼法关于社区矫正的适用范围规定保持一致，草案规定，对被判处管制、宣告缓刑、假释或者暂予监外执行的罪犯实行的监督管理、教育帮扶等活动，适用本法。

（二）明确了社区矫正工作的管理体制和工作机制。按照党委政府统一领导、司法行政部门组织实施、有关部门密切配合、社会力量广泛参与社区矫正的要求，草案规定，司法行政部门主管社区矫正工作。人民法院、人民检察院、公安机关和其他有关部门依照各自职责，分工负责、互相配合、互相制约，依法开展社区矫正工作。居民委员会、村民委员会和社区矫正对象的监护人、保证人、家庭成员，所在单位或者就读学校应当协助社区矫正机构做好社区矫正工作。

（三）明确了社区矫正机构和社区矫正工作人员。

草案规定，社区矫正机构是刑事诉讼法规定的社区矫正的执行机关，由县级以上地方人民政府根据需要设置。社区矫正机构的设置和撤销，由县级以上地方人民政府司法行政部门提出意见，按照规定的权限和程序审批。为了推动高素质社区矫正工作队伍建设，草案规定，社区矫正机构应当配备具有法律等专业知识的专门国家工作人员，履行监督管理等执法职责。

（四）明确了实施社区矫正的程序。为了增强法律的可操作性，草案细化了社区矫正的程序性规则，特别是各部门衔接配合的内容：一是明确社区矫正执行地为社区矫正对象的居住地；二是明确了社区矫正前的调查评估程序；三是对有关法律文书送达，社区矫正对象报到、接收等程序作了细化规定；四是规定了社区矫正机构依法对社区矫正对象实施考核奖惩，以及对社区矫正对象提请减刑、撤销缓刑、撤销假释、收监执行等情形时的衔接配合程序；五是对解除社区矫正、社区矫正终止等程序作了相关规定。

（五）明确了监督管理措施。草案规定，社区矫正对象在社区矫正期间应当遵守国务院司法行政部门关于报告、会客、外出、迁居、保外就医等监督管理规定以及人民法院禁止令。社区矫正对象脱离监管的，社区矫正机构应当立即组织查找，公安机关等有关单位和人员应当予以配合协助。社区矫正机构发现社区矫正对象正在实施违反监督管理规定或者违反人民法院禁止令行为的,应当立即制止;制止无效的,应当立即通知公安机关到场处置。

(六)明确了教育帮扶措施。草案规定,县级以上地方人民政府及其有关部门应当为教育帮扶社区矫正对象提供必要的场所和条件,组织动员社会力量参与教育帮扶工作。规定了不同主体在教育帮扶社区矫正对象中的主要工作,为社会力量参与社区矫正工作提供法律依据。明确社区矫正对象可以按照国家有关规定申请社会救助、参加社会保险、获得法律援助,社区矫正机构应当给予必要的协助。

此外,为了加强对未成年社区矫正对象的权益保障,结合未成年人特点,促进其顺利回归社会,草案对未成年人社区矫正作了专章规定。

草案和以上说明是否妥当,请审议。

全国人民代表大会宪法和法律委员会关于《中华人民共和国社区矫正法(草案)》修改情况的汇报

全国人民代表大会常务委员会：

　　常委会第十一次会议对社区矫正法草案进行了初次审议。会后，法制工作委员会将草案印发各省（区、市）人大常委会、中央有关部门和部分高等院校、研究机构、基层立法联系点、全国人大代表等征求意见，在中国人大网全文公布草案征求社会公众意见。法制工作委员会还到一些地方进行调研，召开专家座谈会，听取意见，并就草案有关问题与最高人民法院、公安部、司法部等部门交换意见，共同研究。宪法和法律委员会于10月10日召开会议，根据常委会组成人员的审议意见和各方面意见，对草案进行了逐条审议。监察和司法委员会、中央政法委员会、司法部有关负责同志列席了会议。10月15日，宪法和法律委员会召开会议，再次进行审议。现就主要问题修改情况汇报如下：

一、草案第一条对社区矫正法的立法目的作了规定，有的常委会组成人员建议明确社区矫正的性质；有的代表、地方、部门、院校和社会公众提出，草案"正确执行刑罚"的表述不准确，社区矫正的对象有四类，其中主要是缓刑，根据刑法规定，缓刑是附条件的不执行刑罚，考验期满原判刑罚就不再执行。宪法和法律委员会经研究，建议采纳上述意见，将"正确执行刑罚"修改为"正确执行刑事判决、裁定和暂予监外执行决定"。

二、草案第三条对社区矫正工作原则作了规定，有的代表、地方和院校建议一并明确社区矫正工作的目标包括消除重新犯罪因素，促其成为守法公民等内容。宪法和法律委员会经研究，建议采纳上述意见。此外，有的意见提出，草案第三条中"保障社会公共安全与维护社区矫正对象合法权益并重"的表述容易引发误解，且两方面内容在其他条文中已分别有所体现，可以不作规定。宪法和法律委员会经研究，建议采纳这一意见，删去该表述。

三、有的常委委员、代表、地方、部门和社会公众提出，目前社区矫正力量薄弱，专业化水平不足，建议增加队伍建设方面的规定。宪法和法律委员会经研究，建议进一步充实相关规定：一是，增加一条规定"国家推进高素质的社区矫正工作队伍建设。社区矫正机构应当加强对社区矫正工作人员的管理、监督和培训，不断提高社区矫正的规范化、专业化水平"。二是，将草案第八条修改为"社区矫正机构根据需要，组织具有相关专业知识的社会工作者，协助开展社区矫正工作"。三是，增加规定参与社区矫正工作的人员依法开展社区矫正工作，受法律保护。同时，根据结构调整需要，增加"机构、人员和职责"一章，对相关内容集中规定。

四、有的常委委员、代表、地方、部门和社会公众提出，草案对社区矫正程序和社区矫正机构、人民法院、人民检察院、公安机关等部门的职责作了规定，建议针对实践中较为突出的问题，进一步完善细化程序规定，加强部门之间的衔接配合，增强法律的可操作性。宪法和法律委员会经研究，建议对草案作出以下修改：一是，针对实践中确定社区矫正执行地时容易出现争议的情况，在草案第十六条中增加规定社区矫正决定机关在作出判决、裁定、暂予监外执行决定时，应当确定社区矫正的执行地；社区矫正对象的经常居住地可以作为执行地。二是，为把好社区矫正入口关，确保社区矫正对象自觉接受监管，防止脱管、漏管，增加一条规定"社区矫正决定机关决定社区矫正，应当按照刑法、刑事诉讼法等法律规定的条件和程序进行。社区矫正决定机关应当对社区矫正对象进行教育,告知其在社区矫正期间应当遵守的规定以及违反规定的法律后果,责令其按时报到"。三是,考虑到由原社区矫正决定机关决定收监执行,对于异地执行存在操作困难,增加规定可以由执行地社区矫正决定机关作出收监执行的决定。

五、有的常委委员、代表、地方、部门和社会公众提出,社区矫正是在社会上对社区矫正对象进行监督管理和教育帮扶,在方式方法上要与监狱执行刑罚严格区分,实践中个别地方存在不适当增加社区矫正对象义务和负担,限制其合法权利,影响其正常工作生活的情况,建议作出规范。宪法和法律委员会经研究,建议进一步充实相关规定:一是,在总则中增加规定"社区矫正工作应当依法进行,尊重和保障人权";在监督管理一章中增加规定开展社区矫正工作,应当保障社区矫正对象的合法权益,非依法律规定,不得限制或者变相限制社区矫正对象的人身自由。二是,在草案第三十六条中增加规定社区矫正机构应当注意保护社区矫正对象的身份信息和个人隐私。

六、草案第三十五条对社区矫正对象离开所居住的市、县或者迁居的,应当报经批准作了规定。有的常委委员、代表、地方和社会公众提出,批准的条件、程序、方式等不明确,实践中容易产生认识分歧,激化矛盾,建议进一步明确,增强可操作性。宪法和法律委员会经研究,建议作以下修改补充:对于有正当理由的,应当批准；对于需要经常性跨市、县活动的，可以根据情况，简化批准程序和方式；对于可能逃跑或者实施违反监督管理规定行为的，不予批准。同时，为了加强对社区矫正对象的监督管理，在草案第三十七条中对社区矫正机构使用电子定位手段的条件和程序予以明确。

七、有的常委委员、代表、地方和社会公众提出，社区矫正应当充分发挥社会力量的作用，采用社会化的方式，建议增加鼓励社会力量积极参与的内容。宪法和法律委员会经研究，建议对草案作以下修改补充：一是，国家支持企业事业单位、社会组织、志愿者等社会力量参与社区矫正工作。二是，社会组织依法协助开展社区矫正工作所需的经费应当依照规定列入本级政府预算。三是，社区矫正机构可以通过公开择优购买社会服务、项目委托等方式，由相关社会组织提供心理辅导、社会关系改善等专业化的帮扶；国家鼓励有经验和资源的社会组织跨地区开展帮扶交流和示范活动。

八、有的常委委员、社会公众提出，监督管理和教育帮扶工作应当坚持问题导向，重点针对可能导致其重新犯罪的问题，按需矫正，提高针对性。宪法和法律委员会经研究，建议对草案作以下修改补充：一是，社区矫正机构应当根据社区矫正对象的犯罪原因、裁判内容等情况，制定有针对性的矫正方案，实现个别化矫正。二是，对社区矫正对象的教育应当考虑其工作和生活安排，因人施教。

九、草案第五章对未成年人社区矫正作了专门规定。有的常委会组成人员、代表、地方、部门和社会公众建议进一步充实、细化有关内容。宪法和法律委员会经研究,建议对草案作以下修改补充:一是,对未成年人的社区矫正,应当与成年人分别进行。二是,社区矫正工作人员对履职过程中获得的未成年人身份信息应当予以保密。三是,共青团、妇联、未成年人保护组织应当协助做好未成年人社区矫正工作;国家鼓励相关社会组织参与未成年人社区矫正工作,依法给予政策支持。

此外,根据常委会组成人员的意见,增设了法律责任一章,对社区矫正对象的法律责任、社区矫正机构工作人员和其他国家工作人员的法律责任作出明确规定;还对草案作了一些文字修改。

草案二次审议稿已按上述意见作了修改,宪法和法律委员会建议提请本次常委会会议继续审议。

草案二次审议稿和以上汇报是否妥当,请审议。

全国人民代表大会宪法和法律委员会
2019 年 10 月 21 日

全国人民代表大会宪法和法律委员会关于《中华人民共和国社区矫正法(草案)》审议结果的报告

全国人民代表大会常务委员会：

　　常委会第十四次会议对社区矫正法草案进行了二次审议。会后，法制工作委员会在中国人大网全文公布草案，再次征求社会公众意见。宪法和法律委员会、监察和司法委员会、法制工作委员会还联合召开座谈会，听取中央有关部门、全国人大代表和有关专家的意见。法制工作委员会还就草案有关问题与最高人民法院、公安部、司法部等部门交换意见，共同研究。宪法和法律委员会于11月19日召开会议，根据常委会组成人员的审议意见和各方面意见，对草案进行了逐条审议。监察和司法委员会、中央政法委员会、最高人民法院、公安部、司法部的有关负责同志列席了会议。12月16日，宪法和法律委员会召开会议，再次进行审议。宪法和法律委员会认为，草案经过两次审议修改，已经比较成熟。同时，提出以下主要修改意见：

一、草案二次审议稿第三条对社区矫正工作原则和目标作了规定。有的常委委员和专家学者提出，刑法和刑事诉讼法等法律对被判处管制、宣告缓刑、假释和暂予监外执行的四类社区矫正对象的义务分别作了明确规定，建议增加体现"分类管理、个别化矫正"的规定；有的专家学者和社会公众提出，"消除社区矫正对象可能重新犯罪的因素"是系统工程，需要综合施策，社区矫正只是其中一个方面，建议增加"有针对性地"作为限定条件，使表述更为准确。宪法和法律委员会经研究，建议采纳上述意见。

二、草案二次审议稿第四条、第二十四条对社区矫正工作应当尊重和保障人权，以及避免对社区矫正对象的正常工作和生活造成不利影响作了规定。有的常委委员提出，社区矫正对象都是经人民法院判决有罪的罪犯，应当在法律中对其依法接受社区矫正，服从监督管理作出明确规定；同时，开展社区矫正工作，会在一定程度上对其工作和生活造成影响，法律中规定避免造成"不必要的影响"即可。宪法和法律委员会经研究，建议采纳上述意见。

三、草案二次审议稿第八条、第九条对社区矫正工作体制和机构设置作了规定。有的常委委员、代表和社会公众建议进一步明确"社区矫正委员会"和"社区矫正机构"的关系。宪法和法律委员会经研究,建议将社区矫正委员会"组织、协调、指导"的职责表述修改为"统筹协调和指导";将社区矫正机构的职责表述修改为"负责社区矫正工作的具体实施"。

四、草案二次审议稿第十一条、第十六条对社会工作者应当具有相关专业知识以及社区矫正工作队伍建设作了规定。有的常委会组成人员、代表、专家学者和社会公众建议进一步细化对社会工作者所需专业知识和经验的要求,将相关表述修改为"具有法律、教育、心理、社会工作等专业知识或者实践经验";并增加规定,社区矫正机构应当加强对社区矫正工作人员的职业保障。宪法和法律委员会经研究,建议采纳上述意见。

五、草案二次审议稿第三十条对社区矫正机构使用电子定位的条件和程序作了规定。有的部门建议进一步扩大可以适用电子定位的情形;有的常委委员、部门、专家学者和社会公众提出,使用电子定位应当慎重,建议进一步明确使用的条件、批准程序和期限。宪法和法律委员会经研究,建议将"经过批准"明确为"经县级司法行政部门负责人批准";增加规定"使用电子定位方法的期限不得超过三个月。对于不需要继续使用的,应当及时解除;对于期限届满后,经评估仍有必要继续使用的,经过批准,期限可以延长,每次不得超过三个月"。同时，根据监督管理需要，增加两种可以使用电子定位的情形：一是，"拒不按照规定报告自己的活动情况，被给予警告的"；二是，"拟提请撤销缓刑、假释或者暂予监外执行收监执行的"。

六、草案二次审议稿第四十八条、第四十九条规定，被提请撤销缓刑、假释的社区矫正对象可能逃跑或者发生社会危险性的，社区矫正机构可以提请人民法院决定"先行拘留"。有的常委委员、部门、专家学者和社会公众提出，为保证撤销缓刑、假释程序的顺利进行，对这部分人员中有可能逃跑或者可能发生社会危险的，采取强制措施是必要的。但是，根据刑事诉讼法的规定，人民法院可以采取的强制措施有逮捕、取保候审、监视居住等，没有拘留。建议将"先行拘留"修改为"逮捕"，作为可以采取逮捕措施的一种专门情形，这样更有利于与刑事诉讼法现有规定的衔接。宪法和法律委员会经研究，建议采纳上述意见。

此外，还对草案二次审议稿作了一些文字修改。

12月3日，法制工作委员会召开会议，邀请全国人大代表、专家学者、地方人民法院、人民检察院和基层司法行政机关工作人员、社会工作者等就草案中主要制度规范的可行性、法律出台时机、法律实施的社会效果和可能出现的问题等作了评估。与会人员普遍认为，草案充分体现了十九届四中全会的精神和我国司法理念、司法制度的进步，是多年来社区矫正实践的经验总结，较好地回应了当前社区矫正实践中亟需解决的问题，在顶层设计上兼顾了原则性、灵活性和可操作性，是可行的，已经比较成熟，应尽早出台。同时，有的与会人员还对草案提出了一些具体修改意见，有的意见已经予以采纳。

草案三次审议稿已按上述意见作了修改，宪法和法律委员会建议提请本次常委会会议审议通过。

草案三次审议稿和以上报告是否妥当，请审议。

全国人民代表大会宪法和法律委员会
2019年12月23日

全国人民代表大会宪法和法律委员会关于《中华人民共和国社区矫正法(草案三次审议稿)》修改意见的报告

全国人民代表大会常务委员会:

本次常委会会议于12月24日上午对社区矫正法草案三次审议稿进行了分组审议。普遍认为,草案已经比较成熟,建议进一步修改后,提请本次常委会会议表决通过。同时,有些常委会组成人员还提出了一些修改意见。宪法和法律委员会于12月24日晚召开会议,逐条研究了常委会组成人员的审议意见,对草案进行了审议。监察和司法委员会、中央政法委员会、最高人民法院、公安部、司法部有关负责同志列席了会议。宪法和法律委员会认为,草案是可行的。同时,提出以下修改意见:

一、草案三次审议稿第八条第二款关于人民法院、人民检察院、公安机关和其他有关部门社区矫正工作职责的规定中使用了"分工负责、互相配合、互相制约"的表述。有的常委委员提出，该表述是宪法对人民法院、人民检察院和公安机关在办理刑事案件中的要求，在社区矫正工作中，这三个机关以及其他有关部门"互相制约"的提法没有依据，建议删去，规定这些部门按照各自职责，依法做好社区矫正工作即可。宪法和法律委员会经研究，建议采纳上述意见。

二、草案三次审议稿规定了国家鼓励、支持企业事业单位、社会组织、志愿者等社会力量依法参与社区矫正工作。有的常委会组成人员提出，工会、共产主义青年团、妇女联合会等人民团体都有特定的工作对象，在组织动员广大人民群众教育帮扶社区矫正对象方面有优势，建议进一步明确这些人民团体参与社区矫正工作的内容。宪法和法律委员会经研究，建议在第三十五条中增加一款规定：有关人民团体应当依法协助社区矫正机构做好教育帮扶工作。

三、草案三次审议稿第五十五条对未成年社区矫正对象完成义务教育作了规定。有的常委委员提出，未成年社区矫正对象中年满十六周岁的，有的更愿意就业，也符合劳动法规定的就业条件，对这部分有就业需求的未成年社区矫正对象，可以提供就业帮助。宪法和法律委员会经研究，建议增加一款规定：年满十六周岁的社区矫正对象有就业意愿的，社区矫正机构可以协调有关部门和单位为其提供职业技能培训，给予就业指导和帮助。

此外，根据常委会组成人员的审议意见，还对草案三次审议稿作了一些文字修改。

草案建议表决稿已按上述意见作了修改，宪法和法律委员会建议本次常委会会议审议通过。

草案建议表决稿和以上报告是否妥当，请审议。

全国人民代表大会宪法和法律委员会
2019 年 12 月 27 日